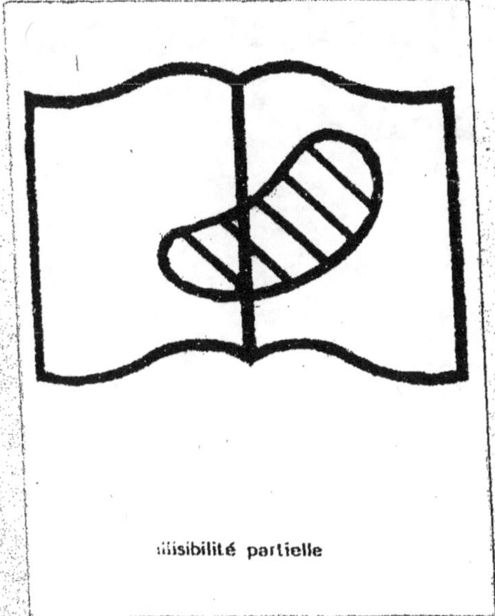
illisibilité partielle

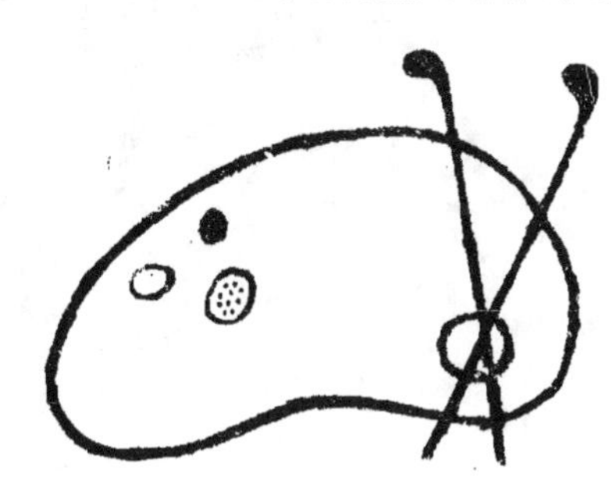
Début d'une série de documents
en couleur

Louis GUIBERT

LES
ÉMIGRÉS LIMOUSINS
à Quiberon

LIMOGES
Librairie Vve DUCOURTIEUX
Rue des Arènes, 7
1886

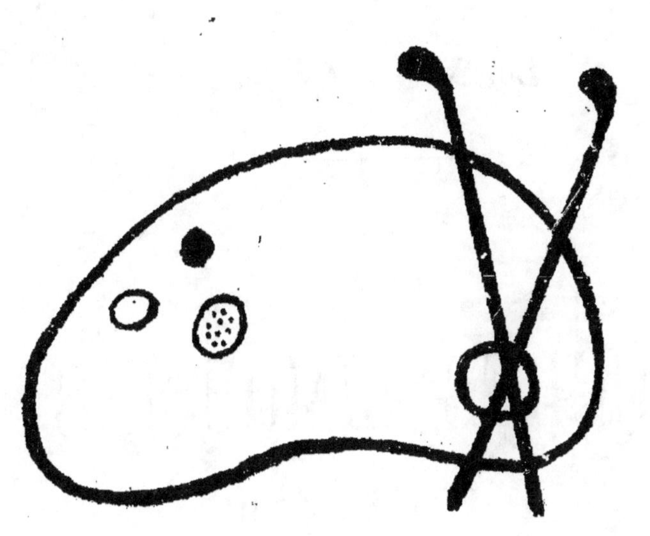

Fin d'une série de documents
en couleur

Louis GUIBERT

LES
ÉMIGRÉS LIMOUSINS
à Quiberon

LIMOGES
Librairie Vve DUCOURTIEUX
Rue des Arènes, 7
1886

LES

ÉMIGRÉS LIMOUSINS

à Quiberon

Un homme indépendant et de bonne volonté, qui aurait quelques loisirs, les emploierait de la façon la plus intéressante et la plus profitable pour lui-même, la plus fructueuse en même temps pour le public, en écrivant l'histoire de la noblesse Limousine pendant la période révolutionnaire. La personne qui se donnerait cette tâche n'aurait pas besoin d'un travail préparatoire : une étude sommaire de l'état et des mœurs de la noblesse provinciale à la fin de l'ancien régime, une initiation rapide à certains chapitres spéciaux de l'histoire de la Révolution, lui suffiraient pour aborder les recherches particulières dont son livre exposerait et commenterait les résultats. Beaucoup de familles possèdent encore des pièces fort précieuses concernant les émigrés qui leur ont appartenu ; les lacunes qu'offrent ces collections seraient aisément comblées par les liasses et les registres si riches, si peu et si mal explorés, de nos dépôts publics, de nos archives départementales et municipales. Tous ces documents, éclairés, expliqués, contrôlés les uns par les autres, permettraient de restituer un chapitre peu connu de notre histoire. Il convient que, de notre noblesse du dix-huitième siècle, on retienne autre chose que quelques sottes aventures et quelques ridicules travers. Ces vieilles familles, dont les veines, dans notre pays surtout, s'étaient largement ouvertes à l'infusion du sang bourgeois, conservaient des vertus qui, longtemps obscurcies, et comme ternies par la frivolité, par le relâchement des mœurs, reparurent, au jour de l'épreuve, brillant du plus pur éclat. Le peu que nous savons de l'histoire de nos émigrés limousins nous donne la certitude que cette histoire, si elle était faite avec conscience et loyauté, sans parti pris d'admiration aveugle ou de dénigrement systématique, fournirait plus d'un héroïque épisode, plus d'un trait mémorable à inscrire au livre d'or des gloires françaises.

L'examen de quelques papiers concernant la famille du Garreau de la Seinie, conservés par M. de Veyrinas et dont nous avons dû communication à la bienveillante obligeance d'un de nos confrères de la société archéologique du Limousin, M. J. Tardieu, nous confirmait récemment dans l'opinion que d'une telle étude pourrait sortir un excellent livre.

Plusieurs de ces pièces se rapportent à la malheureuse expédition de Quiberon : elles mentionnent les noms d'un certain nombre de gentilshommes Limousins, dont quelques-uns tombèrent sous les balles des pelotons républicains devant les grands arbres de la garenne de Vannes ou dans les fondrières marécageuses de la lande d'Aurai.

Le document sans contredit le plus intéressant que renferme la liasse dont il s'agit, est une lettre écrite à un de ses frères, — probablement Charles-Pardoux de Jarrige de La Morelie des Biards, ancien maire de St-Yrieix, — par Jean-Baptiste-Louis de Jarrige de La Morelie, lieutenant des vaisseaux du Roi, officier au régiment royaliste d'Hector. Cette lettre donne un récit assez détaillé et fort exact des principales phases de l'expédition. Les appréciations du marin ne paraissent ni moins justes ni moins dignes de confiance que sa narration des évènements. Blessé dans les opérations des 15 et 16 juillet 1795, conduites avec trop d'inexpérience et de légèreté par M. d'Hervilly, qui se posait en rival du général en chef Puisaye et affectait vis à-vis de ce dernier une indépendance hors de saison, l'auteur de cette lettre put s'échapper lors de la reprise du fort Penthièvre par les troupes républicaines et gagner une embarcation qui le déposa à bord d'un vaisseau anglais. Aussi le dernier épisode de la campagne manque-t-il à son récit et celui-ci ne fournit-il aucun renseignement sur la fameuse capitulation, affirmée par les uns, démentie par les autres, bien douteuse assurément, mais dont la violation, alléguée à tort ou à raison, fait planer une ombre sur l'illustre mémoire du général Hoche. Quoiqu'il en soit, la lettre de M. de La Morelie, qui a été écrite par un homme compétent, et que nous croyons inédite, est remarquable par la précision des détails, la parfaite clarté des indications, l'indépendance des jugements, l'absence de l'insupportable phraséologie de l'époque, la simplicité et la modération qu'on y constate. Nous la donnons sans en omettre ni en changer un seul mot :

De Southampton, le 15 août 95.

La Providence, mon cher frere, vient encore de se déclarer en ma faveur d'une maniere miraculeuse; vous deviez etre sans contredit tres inquiet sur mon compte, me sachant placé dans un corps qui a eu le malheur, ainsi que tous les autres, d'etre detruits ou faits prisonniers dans la presqu'île de Quiberon. Je vais donc entrer avec vous dans le recit de notre malheureuse campagne, récit qui me fait verser des pleurs sur le sort de mes camarades et de mes meilleurs amis. Je commencerai du jour de notre depart d'Angleterre et suivrai tous les evenements marquants.

Le 12 juin, notre régiment s'embarqua a Lymington, à bord des vais. de guerre et fregatles angloises qui servoient (?) d'escorte au convoi. Les officiers anglois, voulant faire honnêteté à notre corps, en avoient obtenu l'agrement du gouvernement; car jamais les troupes d'embarquement ne passent à bord de leurs Vx. Toute la flotte mit sous voile le 13, sans sçavoir le lieu de notre destination ; tout le monde s'imaginoit que c'etoit pour les isles de Jersai et Guernesai ; mais nous ne fumes pas plutôt en mer que, par la direction de la route, nous jugeames que c'etoit pour les cotes du Poitou ou la baye de Quiberon.

Dans notre traversée, nous rencontrames, a la hauteur de Brest, l'escadre angloise sous les ordres de lord Bridport, qui etoit en croisière pour bloquer l'escadre française qu'on croioit en rade de ce port ; mais le cabinet de St-Jeammes etoit bien mal instruit a cet egard; car en continuant notre route pour notre destination, nous eumes connoissance de l'escadre republicaine (1) au nombre de 14 Vx de ligne et de 10 a 12 fregattes. Par une continuation de mauvaises manœuvres de leur part, nous echapames à leur poursuite et fimes route pour chercher l'escadre ang. que nous avions quittée a très petite distence.

Nous ne fumes pas longtemps à la rencontrer; elle nous prit sous sa protection, et eclairoit notre marche ; le 22 au soir, elle eut connoissance de l'escadre fr. qu'elle chassa toute la nuit, et le 23, a la pointe du jour, nous vimes les deux escadres fort près l'une de l'autre, la republicaine fuyant a toute voile ; mais le v. l'*Alexandre*, qui marchoit fort mal, fut attaqué et pris, et occasionna la

(1) Elle était commandée par l'Amiral Villaret-Joyeuse.

prise dè deux autres. Toute l'escadre eut été
en grande partie prise, si elle ne se fut trouvée
sous la protection de l'isle de Groa ; et même
le *Formidable* fut pris sous la volée du fort.
Les Anglois, sentant leur grande supériorité
sur mer, manœuvrerent avec trop de temerité;
car les offrs anglois nous ont assuré que, si
l'avant garde fran. eut sçu manœuvrer, 5 vx.
anglois eussent couru les risques d'etre pris
ou du moins bien maltraités. Ce ne fut point
du tout un combat naval, mais une chasse
generale, ou les carmagnols abandonnerent 3
de leurs Vx. Le reste se sauva dans le port
de Loriant...

Le convoi continua sa route, et, le 27, nous
mouillames dans la baye de Quiberon. Aussitôt MM. de Tintignac et Berthelot se firent
mettre a terre pour prendre langue. Le 28, on
nous annonça que l'on debarqueroit le lendemain matin, et que nous ne trouverions
aucune opposition, les habitants du pays nous
attendant depuis longtems comme leurs libe-
rateurs. L'on fit donc les dispositions en con-
cequence, et au point du jour, nos troupes
mirent pied à terre vis-a-vis le bourg de
Carnac (1). Loyal Emigrant fut celuy qui de-
barqua le premier ; ensuite le regiment de M.
d'Hervilly ; puis celuy de Rotalier ; ensuite
nôtre regiment et celui du Dresnay ; le tout
composant 3,000 hommes, qui paroissoient
dans les meilleurs sentiments. Helas ! qui
n'auroit pas été emu en voiant accourir les
paysans, leurs femmes et leurs enfants, appor-
tant tout ce qu'ils avoient dans leurs maisons,
comme pain, vin, etc., le distribuant aux
soldats, les embrassant, allant les chercher

(1) Plusieurs historiens, Michelet entr'autres,
placent le débarquement à la date du 22.

sur leur epaules pour les porter a terre, de crainte qu'ils ne se mouillassent, aidant a monter les pieces d'artillerie, en un mot le spectacle le plus beau et le plus attendrissant. Chaque offr. pleuroit de joye aux cris sinceres et mille fois repetés de : *Vive le Roy ! Vivent les Emigrés !*

Le debarquement achevé, nous occupames les villages voisins de la presqu'ille de Quiberon, et b oquames la garnison du fort Pinthievre, consistant environ 600 hom. L'on fit les dispositions d'attaque du dit fort, et pendant ce tems, notre regiment eut ordre de se porter en avant de 4 lieues pour aller a la decouverte. Après avoir bivoqué (*sic*) deux jours et 2 nuits, nous vinmes reprendre notre 1re position. Pour vous donner une idée du bon esprit des gens des campagnes, je vous dirai que, depuis le 29, jour de notre debarquement, jusqu'au 3 juillet, il vint 18,000 paysans chercher des armes ; ils accouroient de 8 a 10 lieues pour cet effet, et nous temoignoient tous les memes sentiments que ceux des environs de Quiberon. Le 3 juillet, tout etant bien dispose, nous atta quames par terre et par mer. La garnison, aiant eté sommée, demanda a capituler : ce qui fut refusé ; pour lors elle se rendit a discretion sans avoir fait la moindre résistance. Aussitot nos troupes en prirent possession, et tous les differents corps furent cantonnés dans la presqu'ille, nos generaux ne se sentant pas en force d'aller en avant jusqu'a de nouveaux renforts d'Angleterre (1)....

(1) Puisaye avait adressé au gouvernement anglais de pressantes demandes de renforts et insisté vivement pour que le comte d'Artois rejoignît les troupes royalistes.

Tous les corps etant donc dans la presqu'ille, le seul soin des chefs etoit de ne point sacrifier mal a propos leurs troupes et d'augmenter les fortifications du fort Pinthievre, qui battoit la langue de terre, large d'environ 100 pieds dans sa plus etroite largeur, et qui est le seul endroit par ou les carmagnols pussent nous attaquer, nous trouvant absolument maitres de la mer. Le peu d'activité de la part des superieurs et le peu d'ensemble dans les operations nuisirent beaucoup a notre sureté. Avec le monde que nous avions et la position avantageuse que nous occupions, 50,000 hom. ne devoient pas nous en chasser; mais le decouragement et la desertion, suite naturelle des deroutes, ont eté les causes de notre perte. M. d'Hervilly, impatient de s'illustrer dans l'art militaire, (1), nous fit faire une sortie dans la nuit du 7, ou nous fumes repoussés avec perte, meme de plusieurs offrs. M. de Jumilhac, que vous connoissés, y fut dangereusement blessé d'une balle qui luy traversa la poitrine ; mais la blessure a pris une bonne tournure : il vient d'arriver icy sur le meme batiment que moy. Cette sortie fut suivie de plusieurs autres insignifiantes; mais celle de la nuit du 15 au 16 juillet fut des plus malheureuses (?) et des plus mal dirigées. Notre regiment y fut ecrasé et victimé. Je vais vous en faire le recit et je pose en fait que, depuis que l'art de la guerre est connu, jamais regimt. ne s'est trouvé dans une position pareille en executant les ordres de celuy qui commande. Voici comme cela s'est passé :

(1) D'Hervilly disputait le commandement à Puisaye et comptait sur un succès pour affaiblir à son profit l'autorité du général en chef.

Les regiments d'Hervilly, d'Hector, du Dresnay, environ 500 chouans et Loyal Emigrant eurent ordre de se mettre en marche du fort Pinthievre vers les minuit, notre regiment (1) aiant la droite, d'Hervilly la gauche, du Dresnay le c ntre: les 500 chouans en reserve; Loyal Emigrant en eclaireurs ; 8 pieces de canon, dont 2 de 8 (?) et 6 de 4, nous suivoient. Nous marchames dans cet ordre a tres petit pas, pour nous trouver a la pointe du jour sous le camp des carmagnols. Les tirailleurs aiant eté aperçus, la fusillade commença avant jour, et a mesure que nous avancions, les carmagnols se retiroient vers leurs retranche ments. Au point du jour, nous nous trouvames dans deux de leurs camps, qu'ils avoient abandonnés, y aiant laissé toute sorte de provisions en aboudance ; mais cecy etoit trop peu de chose pour un premier succès et ne satisfaisoit pas l'ambition de M. d'Hervilly (2) ; aussi ne fit on pas la moindre attention a cela, et nous eumes ordre de continuer notre marche et de nous porter derriere une petite butte, ou le regt etoit a l'abri de la mitraille. Nous restames dans cette position environ cinq minutes, lorsque nous entendimes battre le pas de charge, et que M. d'Hervilly nous donna ordre d'avancer au meme pas.

Nous débouchames donc entre deux petits monticules et eumes l'ordre de joindre la colonne du Dresnay ; pour cet effet, nous fusmes obligés de courir 20 a 25 minutes au pas de charge, paralelement aux retranche-

(1) Le régiment d'Hector.

(2) D'Hervilly avait pour objectif la reprise du poste Ste-Barbe, qui avait dû être abandonné quelques jours auparavant.

ments des carmagnols, a la distance d'une demie portée de fusil. Nos troupes etoient formées en peloton et l'arme au bras. Vous jugerez que, dans une position pareille et dans un terrein aussi uni qu'une glace, 12 a 15 pieces d'artillerie chargées a mitraille devoient faire un grand ravage dans nos rangs ; aussi, sur 440 hom. de notre regmt. le reste etant detaché dans differents postes, nous eumes 228 tués ou blessés, et sur 72 offrs, 55 furent mis hors de combat, dont 18 tués et le reste blessés. Je fus au nombre des derniers : je reçus dans la jambe gauche une balle qui passa de part en part, plus un biscayen mort qui me fit une forte contusion aux reins. Notre colonne aiant joint celle du Dresnay, les carmagnols, au nombre de 10 à 12 mille hommes, rengés en bataille le long de leurs retranchements, commencèrent un feu de file si roulant que la deroute la plus complete se mit dans toutes les troupes, et se replièrent dans le plus grand desordre, la plus grande partie jettant leurs fusils et gibernes pour mieux courir, sans que les offrs. pussent les rallier. M. d'Hervilly, aiant eté grièvement blessé, se retira, et personne ne savoit qui commandoit. Les carmagnols, nous voiant dans une defaite complette, mirent la cavalerie à nos trousses. Par raport a ma blessure je marchois lentement, et me trouvant à la queue, je fus envelopé, ainsi que quelques autres, par 10 a 12 dragons. L'un, courant sur moi, me porta un coup de sabre que je paral de mon epée, qui fut cassée au ras de la peignée ; le même dragon me porta un autre coup que j'evitai en me jettant par terre, et dans le meme instant le sous-lieutenant de ma compagnie, nommé le chr. du *Quingo*, qui avoit ramassé un fusil des

fuyards, l'etendit par terre a coté de moy ;
aussitôt je me relevai et gaignai de l'avant,
ou un offr. de Loyal Emigrant et le sergent de
ma comp., m'aiant vu blessé, me donnèrent le
bras jusqu'au fort. Dans toute la route, qui
eloit longue d'une lieue et demie, nous
reçumes une grelle de balles et de boulets,
lés carmagnols s'etant emparé de 6 pièces de
canon faisant partie de 8 que nous avions
menees avec nous. Deux colonnes nous pour-
suivoient ; mais elles furent retenues dans
leur marche par les chaloupes canonieres, qui
mirent sous voile pour proteger notre retraite.
Rendu dans le fort. le capitaine de ma comp.,
M. de Paly, m'envoia un cheval, et je fus
conduit à notre cantonement... Dans la
journée de cette malheureuse affaire, M. de
Puysay, general en chef, aiant eté temoin,
un peu de loin (1), de la conduite ferme ét
courageuse que le regiment avoit montré en
defilant sous les batteries, luy adressa une
lettre de felicilation : foible consolation des
malheureuses victimes de l'ambition, ou
pour mieux dire de l'ignorance de celui qui
commandoit. Depuis cette epoque jusqu'a
celle du 21, encore plus facheuse, il deserta
environ 150 hommes du seul regiment de
Royal Louis, qui informèrent les François de
notre position et de la partie la plus foible du
fort. Avec ces instructions, ces gens la profi-
tèrent de la nuit tres obscure et tres mauvaise
du 20 au 21 pour donner l'assaut et reussirent
sans beaucoup de resistance, aiant trouvé
beaucoup de partisants dans le bataillon de
Royal Louis. A la petite pointe du jour, aiant
eté averti par la generale que le fort etoit attaqué, je fis mes dispositions pour me sauver

(1) Ces mots sont soulignés à l'original.

en cas qu'il fut enlevé. Une heure après, j'eu
la certitude que les carmagnols s'en etoient
emparés : (1) aussitôt un soldat de ma comp.
qui se trouvoit de garde au quartier, fut me
chercher un cheval sur lequel on me monta
et puis me rendit à un petit port tout voisin.
Étant parvenu a mettre le cheval a la nage,
je gagnai un chasse marée dans lequel je me
suis sauvé. Une fois dans la mer, on mit tous
les blessés à bord de deux V. de transport
servant d'hopital. Je reppelerai dans cette
circonstance ce que j'ai souvent ouï dire, qu'a
quelque chose malheur est bon ; car, de tous
les offirs. du reg. qui se sont sauvés, il n'en
est pas un seul qui ne soit blessé : tous les
bien portants aiant subi le sort du reg., qui a eté
de mettre bas les armes et de se rendre prisonniers. Le pauvre *Puyredon*, qui etoit dans
les veterants, a eu le bonheur de se sauver.
Je ne puis vous dire rien de positif sur les
deux petits La Seynie ; j'ai fait deja et je
ferai encore toutes les demarches que je
pourrai pour tacher de m'en procurer des
nouvelles, et si je parviens a en avoir, je m'em-
presserai de vous en faire part. Ces deux
jolis jeunes gens, aiant appris, a leur
debarquement, que j'avois eté blessé, vinrent
me voir et passèrent avec moy deux heures
de tems dans l'apres-midy du 20. Ils devoient
entrer le lendemain dans le reg. de Royal
Louis, ou M. de Jumilhac leur avoit fait
esperer sous peu des places d'offrs. Depuis
cette (sic) moment, je n'ai pu voir personne

(1) Une colonne de soldats républicains,
guidée par trois déserteurs, avait profité de
la marée basse et s'était, à la faveur de la nuit,
avancée jusqu'au pied du fort, ayant de l'eau
jusqu'à la poitrine.

qui eut été a meme de me parler d'eux. Si vous etes toujours en relations avec M.leur pere, dites luy bien des choses pour moy,et, si je puis lui etre de quelque utilité en ce pays, faites luy passer mon adresse.

J'ai oublié de vous dire que, la veille de la sortie du 16, M. de Sombreuil etoit arrivé d'Angleterre avoit (sic) 1200 hom. de bonnes troupes, et que le commodore anglois avoit prié M. D'Hervilly de suspendre la sortie jusqu'a ce qu'on eut communiqué avec luy ; mais l'on n'eut aucun egard a cette demande... Le 29,on fit partir pour l'Angleterre une partie du convoy qui etoit dans la baye avec les blessés seulement. Nous arrivames a Porstmout, et de la nous sommes venus icy, ou je suis a l'hopital ou les soins ne nous sent pas epargnés, et j'y resterai jusqu'a parfaite guerison pour epargner mon argent, que j'ai sauvé ; mais j'ai perdu tous mes effets. Lorsque je serai gueri, je compte aller a Lymington passer mon hiver. Je vous prie d'y adresser vos lettres poste restante.... A notre arrivée a Porstmout, nous avons appris que le comte d'Artois etoit en rade a bord d'un V. anglois et qu'il y avoit a Southampton un convoi considerable avec des troupes angloises sous les ordres de lord Moira et les cadres formés (1). Toutes ces forces seroient deja parties pour France sans la malheureuse catastrophe du 21. On pense toujours que ce convoi partira ; mais sa destination est changée.

L'oncle du chr. de Lamorelie, qui est dans

(1) Un mot illisible.

le cadre de Contades, se porte à merveille ;
il vient me voir tous les jours.

M. de Lamorélie, lieutenant des vaisseaux du Roy de France, offir dans le
regiment d'Hector, a Lymington, poste
restante.

M. de la Morelie fut, sous la Restauration, élevé au grade de capitaine de frégate
et obtint, avec la croix de St-Louis, une
pension sur la cassette particulière du Roi
(1). Il mourut fort âgé. Il était né au
château des Biards, paroisse de Glandon,
aujourd'hui commune de St-Yrieix-la-
Perche (Hte-Vienne), et avait épousé, à
Londres, Mlle de la Torre, dont il n'eut
qu'une fille (2). Son frère, à qui est adres-
sée la lettre que nous venons de reproduire,
a laissé un fils, préfet sous la Restauration.

Des cinq ou six gentilshommes de notre
région dont le nom se trouve mentionné
dans cette lettre, l'un, M. de Jumilhac,
officier supérieur au régiment de Royal-
Louis et blessé à la sortie du sept, appar-
tient plus au Périgord qu'au Limousin.

(1) *Nobiliairé de la généralité de Limoges*, par
l'abbé J. Nadaud, publié par M. l'abbé Lecler
sous les auspices de la société archéologique
et historique du Limousin, t. II, p. 556.

(2) Nous devons quelques uns des renseignements mis à profit dans cette notice, à
l'obligeance d'un petit fils de M. de La
Morelie : M. H. Bonhomme de Montégut, vice-
président *éliminé* du tribunal de Limoges.

Un autre, le chevalier de Puyredon (Jean-Baptiste de La Morelie, ancien chevau-léger de la maison du Roi et chevalier de St-Louis), avait plus de soixante-deux ans à Quiberon. Il survécut plusieurs années à ce désastre. — On connaît le sort de Charles de Sombreuil, que Hoche, plein d'estime pour son caractère et de sympathie pour sa personne, avait, dit-on, rêvé d'arracher à la mort.

Quant aux deux « jolis jeunes gens » qui étaient venus visiter le 20 juillet M. de la Morelie, ils furent faits prisonniers le lendemain, et on trouve leurs noms sur la liste des « Emigrés et Insurgés » fusillés après la victoire des troupes républicaines.

Les frères de la Seinie étaient presque des enfants. Le plus âgé, Théodore, chevalier de Malte, avait 18 à 19 ans d'après certains documents, 20 d'après les autres ; le second, Pierre, n'avait pas plus de 17 à 18 ans. Leur jeunesse émut les officiers républicains devant lesquels on les fit comparaître. Un de leurs juges leur donna à entendre que, s'ils déclaraient n'avoir émigré que pour obéir à l'autorité paternelle et n'être entrés que par respect pour la volonté de leur famille dans les rangs des ennemis de la Convention, il leur serait fait grâce. Les deux jeunes gens refusèrent de recourir à ce qu'ils considéraient comme un honteux subterfuge ; ils déclarèrent hautement qu'ils avaient pris du service dans l'armée des émigrés de leur plein gré et pour obéir à la voix du devoir et de la fidélité. Ils subirent le sort de leurs camarades et leurs ossements gisent, pêle mêle avec ceux de leurs compagnons d'armes, dans ce sombre caveau de la Chartreuse d'Aurai où ont plongé tant de regards voilés de larmes, cherchant, mais en vain, à reconnaître les restes de quelque être cher.

Ce trait de dignité héroïque a été souvent raconté. La noble conduite des jeunes La Seinie fut célébrée par les contemporains eux-mêmes, et, de l'autre côté du Rhin, un poëte anonyme composa, à la gloire des deux frères, une pièce de vers dont un exemplaire, imprimé en 1799, sans indication de lieu, est en la possession de M. de Veyrinas. Le morceau a pour titre : *Exemple admirable d'invincible fidélité au devoir, donné de nos jours.*

En voici la traduction littérale :

Il ne faut pas laisser tomber dans l'oubli ce beau trait. Faisons-la au contraire figurer dans tous les livres comme un exemple donné aux chevaliers de ce pays, la généreuse conduite de deux jeunes gentilshommes, durant ces jours mauvais.

Il y a bientôt cinq ans, l'armée, dévouée à son devoir, des Français exilés, réunis par la fidélité et le courage pour une grande entreprise, aborda aux champs sanglants de Quiberon.

Trahison et supériorité du nombre ! c'est par vous que cette armée a été conduite au supplice !

Non ! cette fois la cause n'a pu vaincre : ceux qui étaient fidèles et loyaux ont dû succomber, hélas !

Ceux que la mort a épargnés, les héritiers de la chevalerie Française, sont attaqués avec fureur par l'armée de leurs ennemis triomphants,

Et dans la ville la plus voisine, homme à homme, ils vont mourir d'un coup de fusil, comme des malfaiteurs.....

Deux courageux frères, âgés l'un de dix-huit ans, l'autre de dix-neuf ans, a l'œil vif, à l'attitude noble, sont forcés, comme leurs compagnons, de subir la violence populaire.

Mais, ô surprise ! Le chef de cette bande de loups jette un regard sur eux et s'apitoie sur leur jeunesse:

— « N'est-ce pas ? jeunes gens, leur dit-il, on vous a abusés et c'est à contre cœur que vous êtes venus ici ?

» Entourés d'une couvée de serpents, vous avez été contraints de devenir nos ennemis; mais vous pouvez encorerevenir en arrière, je le vois sur votre visage.

» Vous pouvez encore servir en héros le nouveau régime.

» Sortez donc du cercle ; vous êtes trop jeunes pour mourir! »

Mais, ô surprise plus grande encore ! les jeunes gens répondent :

— « Non ! Nous n'avons pas été par force amenés ici.

» C'est pour un noble dessein, que nous sommes entrés dans les rangs de cette armée :

» L'amour du trône, le dévouement au devoir et à la patrie, voila ce qui nous a conduits sur ces bords.

» Et si le destin ne nous permet pas d'atteindre le but généreux que nous poursuivons,

« Eh bien ! nous préférons mourir ici, avec ces nobles gentilshommes. »

Ils s'agenouillent sur la terre, ou pour mieux dire sur leur tombe, et attendent les balles...

— O jeune homme, qui veux suivre comme eux la carrière des armes, ne perds pas de vue leur exemple, et donne une larme à ce trait d'honneur chevaleresque.

L'auteur n'a pas signé son œuvre ; s'il faut en croire une note que nous ont fournie les papiers de la famille, ces vers seraient dus au baron de Béroldingen, et auraient été insérés dans un journal d'éducation publié alors à Vienne. Le baron de Beroldingen, qui appartenait à une famille considérable, a laissé une certaine réputation littéraire. Les vers que nous venons de citer ne manquent ni d'émotion, ni de vigueur. Beaucoup de héros plus célèbres que les jeunes de La Seinie n'ont pas eu, sur leur tombe, cette larme brûlante et ce suprême salut d'un poète.

Joseph du Garreau, marquis de la Seinie,

ancien capitaine de cavalerie, marié en 1765 à Valérie Limousin de Neuvic, avait eu quatre fils : l'un d'eux, que les documents de famille représentent comme l'aîné, embarqué avec le grade de lieutenant de vaisseau à bord du brick l'*Espérance*, avait fait partie de l'expédition de d'Entrecasteaux, à la recherche de La Pérouse. (1) Il mourut l'année même de l'expédition de Quiberon, en 1795, aux environs de Batavia, après une longue maladie, comme il résulte d'un acte de notoriété délivré, le 28 mai 1814, sur l'attestation de MM. Desalles Carré de Lusançay, ancien lieutenant de vaisseau ; Saint-Agnan-de-la-Fresnaye, ancien capitaine de vaisseau ; de Boynes, ancien officier de marine et Nargeot, employé. Le jeune marin avait quitté, au mois de septembre 1791, son pays natal où il ne devait pas revenir.

Dès 1792, le marquis de la Seinie émigra, et alla, avec ses trois autres fils, Joseph, Théodore et Pierre, dont le plus jeune avait alors quatorze ans, se présenter aux chefs de la noblesse à l'étranger. Dans les papiers qu'on a bien voulu nous com-

(1) On trouve, dans le récit du Voyage de d'Entrecasteaux rédigé par M. de Rossel et publié en 1808 par ordre de l'Empereur, un rapport du lieutenant de la Seinie, chargé de la reconnaissance d'un point de la côte pendant que les deux frégates étaient en vue de la terre de Van Diémen (tome I, p. 83 et suiv.)

muniquer, figure une permission datée de Liège, le 18 novembre 1792, signée du maréchal duc de Broglie, accordée à M. du Garreau et à ses fils, pour « vaquer à leurs affaires » en attendant la réunion des corps d'émigrés. Au mois de juin 1793, les deux plus jeunes de ses enfants entrèrent en qualité de « chasseurs nobles » dans un corps d'infanterie composé exclusivement de gentilshommes et placé sous les ordres du comte de Damas ; ils prirent part aux affaires dans lesquelles cette troupe se trouva engagée. En 1794, ils appartenaient à la compagnie de « gentilshommes Limousins », commandée par M. d'Arche (1) ; un peu plus tard ils passèrent en Angleterre et s'embarquèrent avec

(1) Gabriel d'Arche d'Ambrugeac, de Tulle, qui avait émigré après avoir fait courageusement son devoir dans l'affaire de Favars et en plusieurs autres circonstances. Ce n'est donc pas, comme l'indique le *Nobiliaire de la généralité de Limoges*, t. I, p. 739 de la réédition. le comte d'Oradour, Fr. Annet de Coustin, qui a commandé la « coalition Limousine », a l'armée des Princes, de la formation de ce corps à sa dissolution. — Le père de Gabriel d'Arche, Jean François, ancien conseiller au Parlement de Bordeaux, surnommé « le vertueux d'Arche » avait été guillotiné à Tulle, le 5 avril 1794. Une lettre de Gabriel, écrite depuis l'émigration et qui ne put, du reste, être produite à l'audience du tribunal criminel, fut un des principaux chefs de l'accusation. Les cheveux de M. d'Arche fils blanchirent, dit-on, dans la nuit où lui parvint la

Charles de Sombreuil pour cette grève Bretonne où les attendait une horrible mort.

Un seul membre de la famille du Garreau de la Seinie, le fils aîné, Joseph, rentra en France après le rétablissement de la paix. Son père était mort, âgé de soixante-quatre ans, à l'hôpital de l'armée de Condé, à Torzyn, dans la Pologne russe. Deux ans auparavant, le 3 juillet 1796, le marquis de la Seinie faisait à Hildesheim, en Basse-Saxe, son testament, dont voici le début :

«Au nom de Dieu, je J.-B. Joseph du Garreau du Puy de Bette, chevalier, marquis de la Seinie, seigneur de Puy de Bette, la Seinie, Vergnas, Neuvic, Maleon et autres places, ancien capitaine au regt du mestre de camp general de la cavalerie, chevalier de l'ordre royal et militaire de St-Louis,

«Après m'être muni du signe de la Croix, etc.

« Reflechissant murement sur la position ou ma famille et moi nous trouvons, dans les circonstances de l'affreuse revolution qui agite et bouleverse la France ; considerant que mes quatre enfants mâles et moi sommes expatriés, que j'ai même lieu de presumer, d'apres

fatale nouvelle. Quand il revint à Tulle, sous la Restauration, il fut accompagné jusqu'à la maison paternelle par toute la population en larmes.

des renseignements tres probables (1), que j'ai
deja eu le malheur d'en perdre trois; que je vais
moi-meme courir les hasards d'une guerre aussi
cruelle que penible, etant à la veille de partir
pour l'armée commaudée par monseigneur le
prince de Condé, sous les ordres du Roi Louis
XVIII, notre seul et legitime souverain, lequel
y etant deja arrivé depuis quelque temps,
paroît desireux de reunir sa noblesse et de
s'en entourer, dans les circonstances critiques
ou il se trouve : ce que je regarde comme un
ordre de Dieu meme, qui ne me permet ni de
refuser ni meme d'hesiter de courir auprès de
lui, pour lui porter autant de secours et lui
rendre autant de services que mon âge et
mes infirmités me le permetront, partageant
avec lui tous les perils et tous les hazards
qu'il courra lui-meme, ainsi que le doit faire
tout bon et filèle sujet, même au peril de sa
vie ; desirant, comme tout bon chrétien et
comme tout bon pere doit le faire, de ne
laisser après moi aucune matiere a procès ou
a discussions entre mes enfants, pour le par-
tage des biens que la Providence m'avoit
donnés, si ma famille ou moi en sommes
remis en possession, j'ai cru devoir faire a
tête reposée, avant mon depart pour l'armée de
Condé, le present testament etc, etc.

Nous ne devons pas oublier que le mar-

(1) On voit que les Emigrés étaient assez
mal renseignés sur ce qui se passait en
France pour qu'un an après le désastre de
Quiberon, M. de La Seinie ne fût pas encore
completement fixé sur le sort de ses enfants.
Peut-être, autour de lui, connaissait-on la
verité, mais la cachait-on au malheureux
père.

quis de La Seinie avait, peu après l'époque
de la découverte de gisements de kaolin
aux environs de St-Yrieix, établi, dans
cette ville, une manufacture de porcelaines,
qui paraît avoir fonctionné aussi tôt ou
presqu'aussi tôt que celle fondée à Limoges par MM. Massié, Grellet et Four-
neyrat. Cette entreprise ne réussit pas. Le
travail fut arrêté au bout de quelques
années. En 1789, il reprit sous la direction
de M. Baignol, de Limoges, qui avait
affermé la manufacture du marquis ; mais
la fabrication cessa de nouveau quelques
années plus tard. Depuis lors, cet établis-
sement a toujours eu une existence difficile et un fonctionnement intermittent.

Les jeunes de La Seinie ne furent pas
les seuls gentilshommes du Limousin qui
tombèrent aux mains de l'armée républicaine après la reprise du fort Penthièvre
et qui payèrent de leur vie leur participa-
tion à la tentative de Puisaye. On relève
dans le *Tableau des victimes de Quiberon*,
imprimé en 1814, à Brest, par Michel,
d'après les contrôles officiels donnant la
liste des prisonniers faits dans les jours
qui suivirent le combat du 21 juillet 1795,(1)
et fusillés en vertu de jugements des com-
missions militaires, les noms de vingt-
trois royalistes originaires du Limousin
ou de la Marche. Nous donnons ci-après
ce funèbre catalogue, en ajoutant,à chaque

1) Le *Tableau* porte par erreur 2 juillet.

nom de la liste officielle, quelques indications destinées a établir l'identité de la
victime :

1º — « nº 97 (du contrôle).DE BRÉE (sic),Jean
M.M., noble, de St-Yrieix-la-Perche, Hte-
Vienne ».— Il s'agit ici soit de Jean-Marguerite-
de Brie, chevau-léger de la garde, comte de
Brie, seigneur de Lagevral, fils de Jean-
François et de Marie de Coustin du Masnadaud ; marié en 1781 à Paule-Claire-Margue-
rite du Montet de La Molhière et émigré en
1792, — soit de son frère cadet, Jean-Margue-
rite-Marie.Un autre de Brie,prêtre, aurait péri,
dit-on,à Quiberon: N'y a-t-il pas erreur et l'ec-
clésiastique auquel se rapporte cette tradition
ne serait-il pas Pierre, mort sur les pontons
le 12 août 1794 et enterré à l'île Madame (1)?

2º—« nº 127 —DE CHANTILLOY (sic),Jean, de
Bussière, Haute-Vienne»,—peut-être Cantillou
de La Couture, Jean-Joseph, étudiant, qui
figure à la feuille 3 de la liste des Emigrés de
la Hte-Vienne, avec la mention : « dernier do-
micile, Limoges ».

3º — « nº 128, LA CHAPELLE, Pierre-Paul,
noble, capitaine dans le régiment de Royale
Infanterie, d'Argentat,Corrèze ». — Pierre-Paul
du Bac ou Dubac de La Chapelle, célibataire,
appartenait à une famille protestante, revenue
au catholicisme au cours du 17º siècle, et qui
faisait sa résidence au petit château du Bac,
paroisse d'Argentat. M. Jacques Labrousse,
d'Argentat, qui avait émigré avant ses amis,
La Chapelle et Testut del Guô, leur avait en-

(1) Nous devons ces indications, comme plusieurs autres concernant les suivants, a M.
l'abbé Lecler, curé de Compreignac, éditeur
du *Nobiliaire.*

voyé,dit-on, une quenouille et un fuseau pour leur reprocher leur retard à joindre l'armée des Princes (1).

4ᶜ — « nº 162. COMPREIGNAC, Hérier (sic), noble, de Limoxes, Hte-Vienne ». — Yrieix Martin de Compreignac figure sur la liste des Emigrés du département avec la simple qualification de « noble ». Ses deux frères aînés : François, » garde du tyran », et Mathieu, « officier dans la troupe de ligne », y sont également portés.

5º — « nº 214. DESBRUSLY, François-Pierre, noble, de Brive-la-Gaillarde,Correze » — François-Pierre Esnault de Brusly, d'ordinaire appelé M. de Rozet, né à Brive, le 20 avril 1752, était fils de Pierre Henry, né a Paris et venu, vers 17˙1, a Brive, avec la charge de receveur des tailles: François-Pierre fut garde du corps et capitaine de la légion de La Châtre. M. Gaston de Lépinay, petit neveu de M. de Brusly, possède un souvenir de ce malheureux gentilhomme : la montre qu'il portait le jour de son exécution et dont le boîtier gardé la trace d'une balle.

6º — nº 215. DESERDILLÉ, Louis, domestique, à Guéret, Creuse ». — Nous n'avons pu nous procurer aucun renseignement sur Deserdillé.

7º — nº 195. DEBOLINARD-DESROCHES, Pierre-Joseph, de Rancou (sic) ». — On trouve le nom de Pierre de Boslinard Desroches, chevalier, ancien gendarme de la garde du Roi, lieutenant de cavalerie, pensionné du Roi, dans diverses

(1) Ces renseignements et ceux concernant MM. Labrousse et Testut del Guô, sont dus a l'obligeance de M. Eusèbe Bombal, d'Argentat.

pièces relatives aux assemblées de la noblesse en 1789.

8° — « n° 250. DU MASNADAU, J. F., noble, de St-Bertrand, Guadeloupe ». La famille de Coustin, vraisemblablement fixée depuis longtemps dans le pays, acquit la seigneurie du Masnadaud, près Pageas (Hte-Vienne), par le mariage de Foucaud de Coustin avec Isabeau de Faugeyrat (1) — dernières années du quinsième siècle ou premières années du seizième. — Le gentilhomme de cette famille à qui se rapporte la mention ci-dessus, était sans doute un des fils de Martial-François de Coustin du Masnadaud, longtemps aide-major général à la Guadeloupe: « N... Coustin du Masnataud, écuyer, marié, trois enfants, » figure sur la liste des Emigrés de la Hte-Vienne.

9° — « n° 251. DUMONTAIS, François, garde du corps, de St-Julien, Hte-Vienne ». — Probablement un des fils d'Alphonse Louis du Montet de la Molhière, marquis de Cardailhac, dont un autre fils, Florent, prêtre, mourut sur les pontons, le 5 septembre 1794.

10° — « n° 275. L'ETUDELGOS (sic), Jacques-Joseph, noble, d'Argental, Corrèze ». Il s'agit ici de Jacques Joseph Testut del Guô, marié à une demoiselle de Soulage et dont un fils épousa Jeanne d'Arche, fille de Jean-François, guillotiné sur la place publique de Tulle, le 5 avril 1794. Les Testut del Guô appartiennent à une des plus vieilles familles de la bourgeoisie d'Argental.

11° — « n° 234. FÉLIX, Antoine Joseph, bourgeois, de Gumon, district de Brive, Corrèze ».

(1) *Nobiliaire*, t. I p. 450,451.

Un des frères d'Antoine Joseph avait aussi émigré. Leur père, âgé d'une cinquantaine d'années, fut mis en état d'arrestation et resta longtemps détenu à la prison de Brive. Il est qualifié de « ci-devant noble » aux listes officielles de détenus.

12° — « n° 302. FOLTE DE VENTOR (sic), Mathurin, noble, de Limoges, Hte-Vienne ». — Il n'est pas difficile de reconnaître, sous cette orthographe un peu trop républicaine, Mathieu Faulte de Vanteaux, ancien lieutenant colonel au régiment de Picardie, chevalier de St-Louis. Il avait émigré avec son fils Psalmet.

13° — « n° 333. GRANDCHAMP, Antoine G., noble, d'Aval (sic), Hte-Vienne. » — Plusieurs familles appartenant à la partie Limousine et à la partie Poitevine de la Hte-Vienne ont porté le nom de « de Grandchamps » ou de « Grandchamp ». Nous n'avons pu déterminer l'identité d'Antoine Grandchamp. Peut-être faut-il lire : d'Availles (Availles ou Avai...es-Limousine, Vienne).

14° — n° 371. HUGON, Claude, nob'e, à Larzac, district d'Uzerche, Corrèze ». Ne faut-il pas lire Lonzac, au lieu de Larzac ? La « veuve Hugon » est portée sur les listes de suspects en qualité de « mère d'émigré ». (V. de Seilhac : *Scènes de la Révolution en Bas-Limousin*).

15° — « n° 402. LABROUSSE, Pierre-Jacques, noble, gendarme, d'Argentat, Corrèze. » — Nous avons déjà dit que M. Labrousse avait pris, un des premiers parmi les nobles du Bas-Limousin, le chemin de l'emigration Il s'efforça d'amener ses amis et ses voisins à suivre son exemple. On a vu qu'il avait envoyé une quenouille à La Chapelle et à Testut del Guô pour les exciter à se rendre à l'armée de Condé. Ses deux frères, qui émigrèrent avec lui, eurent comme lui une fin tragique. L'un, Pierre, fut tué au passage des lignes de Wissembourg ; l'autre, Joseph, étant allé aux Iles, fut massacé par les noirs.

16° — « n° 434. LA SEINIE, Pierre, chevalier de Malte, de St-Yrieix, Hte-Vienne »,

17° — « n° 43 . LA SEINIE, Théodore, aussi chevalier de Malte, de St-Yrieix, Hte-Vienne. » — Nous avons parlé plus haut des deux frères La Seinie, dont un seul, croyons nous, appartenait à l'ordre de Malte.

18° — « n° 486. DE LORRANDE, Othon Benjamin, noble, de Limoges, Hte-Vienne. » — Othon Benjamin Benoist de Lostende, officier dans la troupe de ligne, est porté « absent du 30 juillet 1792 » sur les listes d'Emigrés des Archives de la Hte-Vienne.

19° — « n° 524. MONDION, Pierre, employé, de Limoges, Hte-Vienne. » — Une famille de ce nom existe encore dans le département ; mais nous ne savons rien sur Pierre Mondion.

20° — « n° 645. SAVIGNAC Joseph, noble, de La Jonchère, Hte-Vienne ». — Il s'agirait ici, — d'après les obligeants renseignements qui nous sont fournis par M. de Savignac, de La Roche près St-Just, petit neveu de la victime — de Léonard de Savignac, ancien capitaine au régiment du Lyonnais.

21° — « n° 64 . SAVIGNAC Joseph, noble, de Vau (sic), Hte-Vienne. — Le nom de Joseph de Savignac, seigneur de Veaux, lieutenant au régiment d'infanterie d'Artois, figure aux procès-verbaux des assemblées de la noblesse lors de la convocation des Etats Généraux. Joseph avait le grade de capitaine lorsqu'il émigra. Frère du précédent. Un troisième frère, Joseph, prêtre, fut prs à Laval parmi les Vendéens et massacré par les Bleus; le quatrième, Léonard, est le père du représentant actuel de la famille.

22° — « n° 651. DE SOMBREUIL, Charles, capitaine au régiment d'Austrasie-Hussards, de Limoges, Hte-Vienne ». — Charles Viraud de Sombreuil était né au château de l'Eychoisier, paroisse de Bonnat, le 11 juillet 177', de François-Charles Viraud de Sombreuil, brigadier des armées du Roi et commandant des troupes de la province du Limousin, et de Marie Madeleine des Flottes de l'Eychoisier. Nous avons publié, dans nos recherches sur les *Anciens Registres des Paroisses de Limoges*, son acte de baptême et celui de sa sœur. On sait quel rôle chevaleresque il joua dans l'affaire de Quiberon et quel roman touchant sa fin dramatique interrompit. On a vu qu'il était arrivé seulement le quinze, par conséquent après les premiers combats. Il conduisait le corps d'émigrés auquel appartenaient les deux jeunes La Seinie, et, selon toute probabilité, une partie des gentilshommes Limousins qui figurent au *Tableau des Victimes*.

23° — « n° 657. TARDIVET, Jean-Baptiste, noble, de St-Léonard, Hte-Vienne ». — Jean-Baptiste Tardivet, désigné dans sa famille sous le nom de Monsieur de Momot, était fils de François et de Geneviève Lebloys : officier au régiment de Touraine-Infanterie, il émigra, servit dans le régiment de Rohan et remplit les fonctions d'aide de camp de M. de Sombreuil.

Il se trouva aux affaires d'Ypres et de Menin eut un bras cassé à Quiberon, probablement le 21 juillet. M. Tardivet avait trois frères, don t l'un, le sieur de Bord, mourut dans l'émigration, après avoir appartenu à l'armée des Princes. Un autre, Guillaume-François Tardivet du Repaire, garde du corps à la compagnie écossaise, reçut cinq blessures en defendant héroïquement la porte de la Reine Marie-Antoinette, le 6 octobre 1789, et fut fait, le 7, par Louis XVI, chevali r de St-Louis et lieutenant-colonel. Il émigra, servit à l'armée des Princes, puis en Portugal, et reprit son service en France après la Restauration ; il mourut en 1826, maréchal de camp, officier de la Légion d'honneur et commandeur de St-Louis. (1)

D'après le catalogue officiel, il faudrait ajouter un autre nom a cette liste du contingent Limousin, celui de « Viart, Charles-Marie, d'Husseau, district de Chatretreau (sic), Haute-Vienne » — nº 690 ; mais il y a ici une erreur évidente : il faut lire Usseau, district de Chatellerault, et restituer au Poitou ce nom là. Par contre, il se pourrait que le Limousin fût en droit de revendiquer celui du nº 311 : « Garo, Pierre, de Chamber (sic) » sans autre indication. On pourrait lire : Garaud, de Chamberet. — Bien d'autres Limousins ont péri dans la malheureuse expédition de Quiberon;

(1) Ces renseignements sont empruntés surtout a la *Notice historique sur la vie du chevalier du Repaire (Tardivet)* par le chevalier de Grosson. Versailles, Vitry, 1826. Nous avons dû communication de cette curieuse brochure à M. H. Lot, petit-fils du chevalier du Repaire.

mais les noms de la plupart de ceux qui ont été tués dans les divers combats ou se sont noyés en cherchant à rejoindre à la nage les embarcations anglaises, sont restés inconnus, et le *Tableau* officiel lui-même offre d'importantes lacunes ; on ne trouve nulle part mention, par exemple, d'aucun des trois Maledent de Feytiat, qui, d'après la tradition constante de la famille, auraient succombé à Quiberon.

M. Joseph de Montbron se trouvait, ainsi qu'il l'a raconté dans un curieux et rare opuscule, intitulé : *Récit de l'évasion d'un officier pris à Quiberon* (1), au nombre des émigrés ayant déposé les armes le 21 juillet. Son petit livre, qui passe sous silence les premières opérations, puisque l'auteur n'arriva qu'avec Sombreuil, le 15 juillet, et ne descendit à terre que le 20, complète très heureusement les indications données par la lettre de M. de La Morelie. Il ne nous fournit au surplus aucune note nouvelle sur les émigrés Limousins ; mais il atteste les sentiments d'humanité que manifestèrent beaucoup d'officiers et de soldats de l'armée républicaine à l'égard des prisonniers. M. de Montbron put s'échapper avec un de ses camarades, grâce à l'aide de plusieurs dames courageuses de la ville d'Aurai.

Terminons par une observation que suggèrera à tout lecteur attentif l'examen de la liste des victimes de Quiberon : on y compte un très grand nombre de gentilshommes et de soldats réfractaires ou de déserteurs ; mais toutes les conditions sociales, toutes les professions sont largement représentées dans ce

(1) Paris, Adrien Egron, 1815, in-12 de 136 pages.

lugubre catalogue : on y trouve beaucoup de laboureurs et de domestiques, des marchands, des bouchers, des maçons, des perruquiers, des tisserands, des meuniers, des verriers, des maréchaux-ferrants, des hommes de loi, des avocats, des clercs de procureur, des étudiants, des médecins, des chirurgiens, des maîtres d'école, jusqu'à un apothicaire et à un imprimeur. On sait que la même variété se rencontrait dans la composition des fournées que les charrettes de Fouquier-Tinville amenaient chaque jour à la guillotine. La royauté, la religion, la tradition avaient de fidèles serviteurs dans tous les rangs de la société ; la Révolution trouva, dans tous, des adversaires, et, dans tous, fit de nombreuses victimes.

Limoges. — Imp. L. BOYER

Original en couleur

NF Z 43-120-8